王様になった日

ヴァーツラフ・ベドジフ、ボフミル・シシュカ え
ヴァーツラフ・ベドジフ、ヴァーツラフ・チュトブルテク ぶん
かい みのり やく

森の精アマールカが

シカの“かざぐるま”の背にのって、

かぜと　かけっこをしていたときのことです。

足もとから　キンキン声がきこえてきました。

「やい、なんて無礼な！どうしてくれる！」

かざぐるまは　トゲの"ゲジゲジ"の家を

うっかり　ふみつぶしてしまったのです。

「ごめんなさい、きがつかなかったの」

アマールカは　あやまりましたが

ゆるしてもらえません。

「オレは　こんなにみにくいのに

きみたちは　きれいではらがたつなぁ！」

「それは　しかたないわ！」
アマールカは、大きな目をパチクリさせ、
むじゃきに　ほほえみます。
「それならシカくんと　内緒ばなしをさせてくれよ、
いいだろう？　ごにょごにょごにょ」

ゲジゲジとわかれたあと、

かざぐるまは　どうもおちつきがありません。

「ねぇアマールカ、わるいけど　このさきは

ひとりで　あそんでくれないか」

そういって、アマールカをおいて

どこかへ　いってしまいました。

そこで、アマールカは　かぜを

よびにいきました。

アマールカは、すずのようなあおい花で
かぜを　よびます。
「おねがい、わたしをかざぐるまさんのところへ
つれていってちょうだい」
かぜは　アマールカを　やさしくつつみ、
さっと　空へ　とびたちました。

そのとき、かざぐるまは　ゲジゲジのことばが

きになって、もときたみちを

ひきかえしていました。

そこへ、ゲジゲジが　ぴょこんとあらわれました。

「やぁシカくん、まっていたよ。

いいものを　みせてあげるよ」

ゲジゲジがゆびをさした先にあったのは

おおきくて　いげんのある　シカのつのです。

かざぐるまは、みおとりする　自分のつのが

はずかしくなり、ハラリとなみだをながしました。

ひゅるん。

そこへ、かぜにはこばれて

アマールカがやってきました。

「おちこむことはないわ」

やさしいこえで、なぐさめます。

「ぼくより、りっぱなつのが　あるんだね…」

かざぐるまは　ためいきをつきました。

ふたりのようすを　ニヤニヤとながめていた
ゲジゲジは　かざぐるまにささやきます。
「こっちにおいで、いいものをあげるよ」

そこは、森じゅうのシカたちが
つのをすてる場所でした。

そのなかに、ひときわおおきく
ゆうかんで　りっぱな
シカの王様のつのがありました。

「あれがほしい！」

かざぐるまは、木にあたまをうちつけ

自分のつのを　おとしました。

そして、王様のつのをひろい

あたまにのせて　たからかにさけびます。

「きょうからぼくが　シカの王様だ！」

そこへ　人間の王様があらわれ、

かざぐるまに　鉄砲をむけて、こういいます。

「わたしもきみも　おなじ王様だ。しかし、

わたしのほうが　きみよりつよく力があるぞ！」

ゲジゲジは　そのようすをみてニヤニヤしています。

ぬきあし、さしあし、しのびあし…
アマールカは、さっと王様の王冠をとりあげ
鉄砲をもつ手を　くるわせました。

たまが　はずれ、

かざぐるまがにげるのを　みとどけた

アマールカは　すましがおであいさつをします。

「こんにちは、わたしはアマールカよ」

あっけにとられた　王様をのこして

アマールカは　くるくると　おどりながら

森へ　きえていきました。

かざぐるまににげられた　王様が

いらだっていたところ　きりかぶにかくれた

ゲジゲジを　みつけました。

「むむ、こんなところにトゲがおる。

ウマのエサにでもすることにしよう」

ゲジゲジは　とらえられ、

おしろに　つれていかれました。

アマールカ　王様になった日（1973年製作）

原案・脚本　ヴァーツラフ・チュトブルテク　　　監督・脚本　ヴァーツラフ・ベドジフ
美術　ヴァーツラフ・ベドジフ、ボフミル・シシュカ　　　絵本版日本語訳　甲斐みのり

アマールカ絵本シリーズ⑥『王様になった日』

2012年8月21日　初版第1刷発行

発行人　大谷秀政（LD&K Inc.）　　発行元・発売元　株式会社LD&K　　www.ldandk.com　　FAX:03-5464-7412
デザイン　栗谷川舞（STUBBIE Ltd.）　　編集　小林祐子（LD&K Inc.）　　印刷　大日本印刷株式会社
企画・制作 プロデューサー　谷口周平（LD&K Inc.）・眞部学（アットアームズ）　　協力　アットアームズ・HORIPRO

アマールカ公式ホームページ　http://www.amalka-project.com